Ernst Probst

Gloria Swanson - Die Mondäne auf der Kinoleinwand

GRIN - Verlag für akademische Texte

Der GRIN Verlag mit Sitz in München hat sich seit der Gründung im Jahr 1998 auf die Veröffentlichung akademischer Texte spezialisiert.

Die Verlagswebseite www.grin.com ist für Studenten, Hochschullehrer und andere Akademiker die ideale Plattform, ihre Fachtexte, Studienarbeiten, Abschlussarbeiten oder Dissertationen einem breiten Publikum zu präsentieren.

Ernst Probst

Gloria Swanson - Die Mondäne auf der Kinoleinwand

GRIN Verlag

Bibliografische Information der Deutschen Nationalbibliothek: Die Deutsche Bibliothek verzeichnet diese Publikation in der Deutschen Nationalbibliografie; detaillierte bibliografische Daten sind im Internet über http://dnb.d-nb.de/ abrufbar.

1. Auflage 2012
Copyright © 2012 GRIN Verlag GmbH
http://www.grin.com
Druck und Bindung: Books on Demand GmbH, Norderstedt Germany
ISBN 978-3-656-20751-1

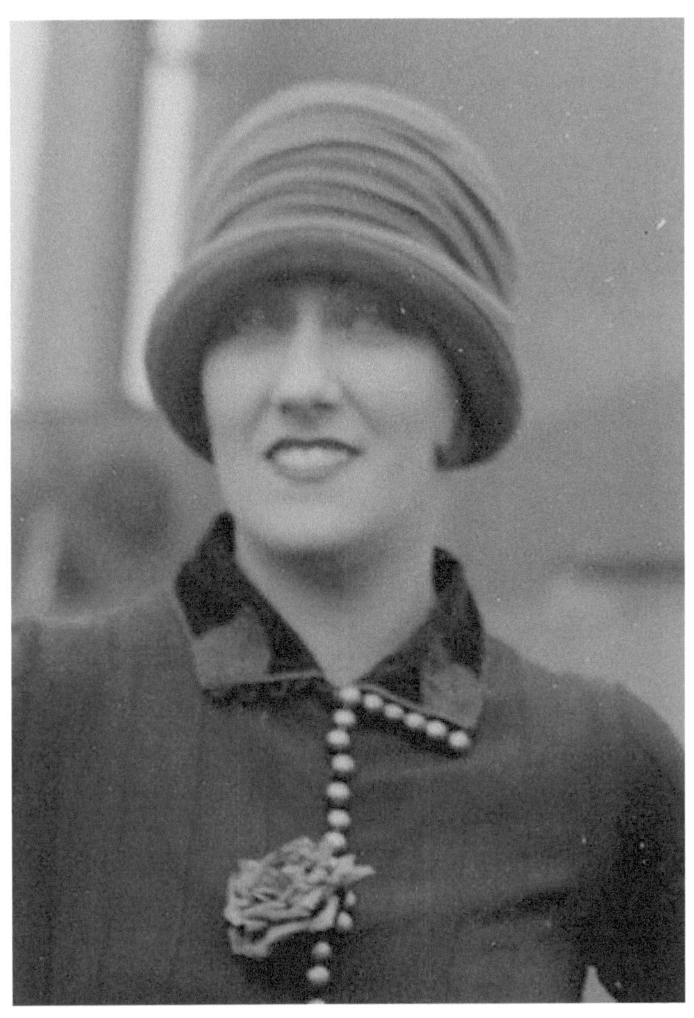

Gloria Swanson (1899–1983) um 1920

Ernst Probst

Gloria Swanson

Die Mondäne
auf der Kinoleinwand

Beate Werner,
Bernd Werner,
Marianne Werner,
Otto Werner,
Sonja Werner,
Dr. Jochen Werner,
Christine Werner und
Steffen Werner
gewidmet

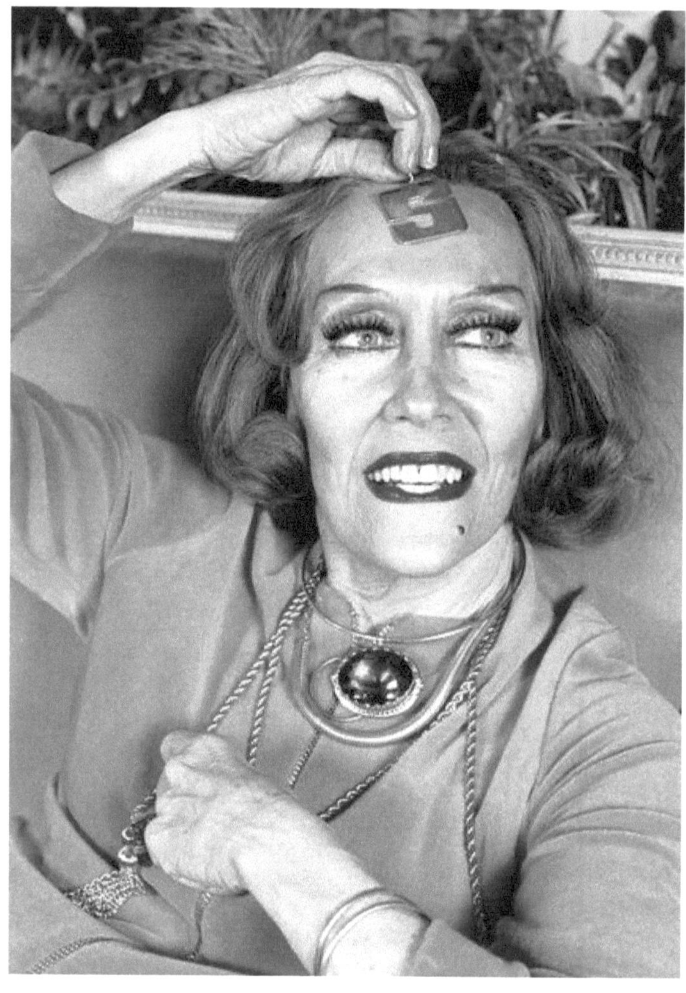

Gloria Swanson, Porträt von Allan Warren 1972

Gloria Swanson

Die Mondäne auf der Kinoleinwand

Zum Stummfilmstar der 1920-er Jahre entwickelte sich die amerikanische Schauspielerin Gloria Swanson (1899–1983), eigentlich Gloria Mae Josephine Swenson. Sie brachte das Mondäne auf die Kinoleinwand und glänzte vor allem in romantischen und verrückten Komödien. Sogar die Inschrift auf ihrem Grabstein zeugt noch von ihrem Humor. Der von ihr gewünschte Text lautet: „Sie bezahlte alle Rechnungen selbst. Das ist die Geschichte ihres Lebens".

Gloria Mae Josephine Swenson wurde am 27. März 1899 als Tochter des Berufsoffiziers Joseph Theodore Swenson und seiner Ehefrau Adelaide Swenson, geborene Klanowski, in Chicago geboren. Ihr Vater, dessen Familienname ursprünglich Svensson gewesen sein soll, stammte aus einer streng protestantischen schwedisch-amerikanischen Familie. Ihre Mutter hatte deutsche, französische und polnische Vorfahren.

Bedingt durch den Beruf ihres Vaters als Soldat zog Gloria mit ihrer Familie oft um. Sie wuchs vor allem in Chicago, Puerto Rico und Key West (Florida) auf und besuchte verschiedene Schulen, unter anderem die „Hawthorne Scholastic Academy" in Chicago. Ihre Eltern trennten sich, als sie noch zur Schule ging.

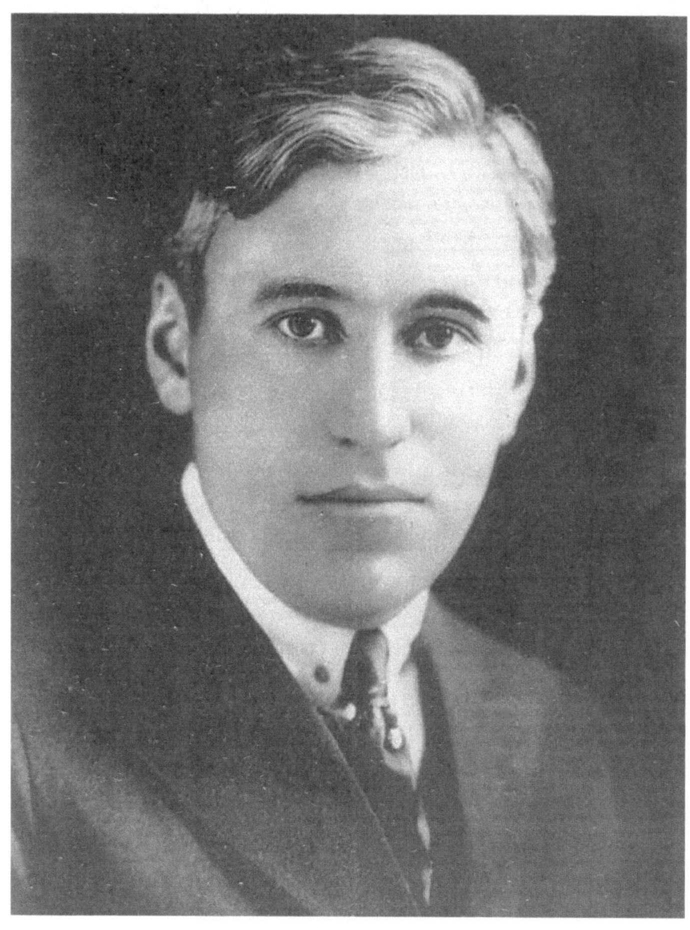

Mack Sennett (1880–1960)

Zum ersten Auftritt auf der Kinoleinwand kam Gloria per Zufall nach einem Rundgang durch die „Essenay Studios" in ihrem Geburtsort Chicago. Eigentlich hatte sie bis dahin keine künstlerische Karriere angestrebt, als sie fragte, ob sie zum Spaß an einem Film mitwirken dürfe. Ihr Wunsch wurde erfüllt. Sie durfte wiederkommen und stand im Alter von 15 Jahren in dem Film „The Song of Soul" (1914) als Komparsin vor der Kamera. Für „The Fable of Elvira and Farina and the Meal Ticket", „Sweedie Goes to College" und „The Broken Pledge", die 1915 in die Kinos kamen, bekam sie 3,25 US-Dollar pro Tag. 1916 erhielt sie für „A Dash of Courage" bereits 65 US-Dollar pro Woche und für „Hearts and Sparks" im selben Jahr 85 US-Dollar pro Woche.

An ihrem 17. Geburtstag am 27. März 1916 heiratete Gloria ihren Schauspielerkollegen Wallace Beery (1885–1949), den sie in den „Essenay Studios" kennengelernt hatte. Ihr 14 Jahre älterer Ehemann war bis dahin bereits Bahnarbeiter, Schmied, Elefantenwärter im Zirkus, Schauspieler, Komiker, Studio-Manager und Produzent gewesen. Beery vergewaltigte seine Braut in der Hochzeitsnacht, wie Gloria später in ihrer Autobiografie verriet.

Zusammen mit ihrem Gatten Wallace Beery wechselte Gloria Swanson zum Filmstudio „Mack Sennetts Keystone Company" nach Hollywood (Kalifornien). Obwohl sie den Familiennamen ihres Ehemannes annahm, nannte man sie weiterhin „Miss Swanson". Gloria spielte oft in Filmen des Regisseurs und Filmproduzenten Mack Sennett (1880–1960) mit. Doch sie legte später großen Wert darauf, keine jener Badeschönheiten gewesen zu sein, die leichtbekleidet in vielen Komödien von Sennett für Abwechslung sorgten.

Von 1914 bis einschließlich 1918 wirkte Gloria Swanson – laut „Internet Movie Database" – in insgesamt rund 30 Filmen mit. 1914 war es vermutlich nur ein Streifen. Doch 1915 folgten acht, 1916 sieben, 1917 sechs und 1918 acht Filme. Anfangs wurde ihr Name mehrfach nicht im Abspann erwähnt. Manchmal ist es unsicher, ob sie tatsächlich mitgewirkt hat.

1919 schloss Gloria Swanson einen Vertrag mit dem Filmstudio „Paramount". Dass sie rasch zum Star dieses Studios aufstieg, verdankte sie vor allem dem Regisseur Cecil B. DeMille (1881–1959). Mit ihm drehte sie von 1919 bis 1921 sechs Stummfilme. DeMille setzte Gloria in seinen „Salonkomödien" als selbstbewusste Frau der Gesellschaft ein, die eigene Ideen über Liebe und Ehe verwirklichte.

In dem Film „Don't Change Your Husband" (1919) unter der Regie von DeMille brillierte Gloria Swanson exotisch kostümiert, hingehaucht auf den Rücken schwarzer Sklaven und ließ den kostbaren Inhalt einer Schatztruhe genießerisch durch die Finger gleiten.

Als der erste große Erfolg von Gloria Swanson in der Filmwelt galt der Streifen „Male and female" („Männlich und weiblich", 1919). Darin spielte sie gekonnt eine Lady der feinen Gesellschaft, die Schiffbruch vor einer einsamen Insel erleidet und ihren Butler zum Liebhaber machte.

Während der ersten Hälfte der 1920-er Jahre wirkte Gloria Swanson in einer Serie von Spitzenfilmen mit, die sie zum Star und zum Inbegriff des Hollywood-Glamours machten. Man bezeichnete sie damals zeitweise als „Queen of Hollywood". 1922 trat sie zusammen mit dem Stummfilmstar Rudolph Valentino (1895–1926), einem der ersten männlichen Sexsymbole, in „Beyond the Rocks" auf. Auf dem Höhepunkt ihrer Filmkarriere verdiente sie wöchentlich 22.500 US-Dollar. Als filmisches Ereignis galt die Mitwirkung von Gloria Swanson in dem Film „Madame Sans Gêne" (1924), der in Paris entstand. Vor der Rückkehr von den Dreharbeiten für diesen Streifen kabelte sie aus Frankreich an ihr Studio: „Sorgt für Ovationen". In die USA kam sie mit dem frisch angetrauten Marquis Henri Le Bailly de La Falaise de la Coudraye (1898–1972) zurück. Er war bei den Dreharbeiten in Frankreich ihr Dolmetscher gewesen und sie waren sich dabei nähergekommen. Durch die Heirat mit dem französischen Adligen erhielt Gloria den glanzvollen Titel Marquise de La Falaise. Das Filmstudio „Paramount" war bestrebt, aus Gründen der Publicity eine angebliche Rivalität zwischen Gloria Swanson und der aus Polen stammenden Schauspielerin Pola Negri (1894–1987) aufzubauen.

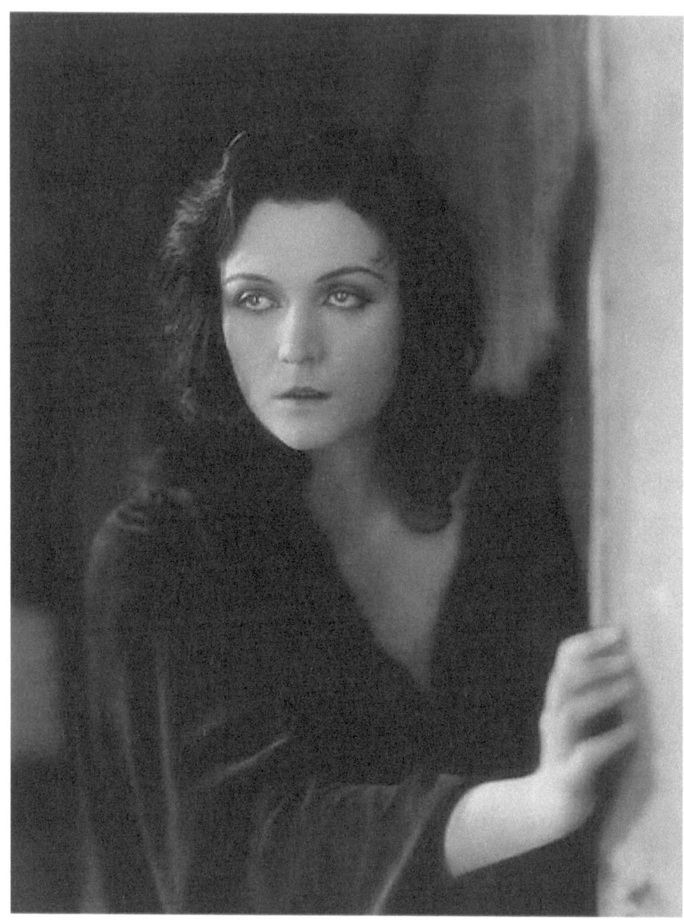

Pola Negri (1894–1987)
um 1926

Doch Gloria verneinte stets eine solche Gegnerschaft mit Pola.

Während der frühen 1920-er Jahre verkrachte sich Gloria Swanson mit ihrer Freundin, der Schauspielerin Blanche Sweet (1896–1986). Bei diesem Streit ging es um einen Mann und Blanche vergaß dies nicht wieder. Blanche war von 1922 bis 1929 mit dem Schauspieler Marshall Neilan (1891–1958) verheiratet, den sie der ständigen Ehebrecherei bezichtigte und der auch mit der Swanson eine Affäre gehabt haben soll.

In verschiedenen Filmen bewies Gloria Swanson ihr Talent für Komödien und bei der Imitation bekannter Stars. Zum Beispiel parodierte sie Charlie Chaplin (1889–1977) in „Manhandled" (1924) und rund ein Vierteljahrhundert später erneut in „Sunset Boulevard" (1950). Die nur 1,50 Meter große Gloria Swanson war von Kopf bis Fuß ein Star. Auf der Kinoleinwand trug sie funkelnde Diademe, bizarre Federn, kostbaren Brokat, glitzernde Seidenroben und prächtige Silberfüchse. Über ihr Publikum sagte sie, dieses habe die Wirklichkeit nicht sehen wollen, und sie habe sich gehütet, sie ihnen zu zeigen. Sogar im Privatleben glitt sie in ihrem Auto mit echten Tigerfellsitzen über den „Sunset Boulevard" von Hollywood.

In ihrer Glanzzeit von 1918 bis 1929 verdiente Gloria Swanson insgesamt rund acht Millionen US-Dollar. Dieses Geld gab das „Aschenbrödel aus Chicago", wie man sie nannte, mit vollen Händen wieder aus. Sie leistete sich mehrere Ehemänner, Juwelen für etwa 1,5 Millionen US-Dollar, ein ganzes Stockwerk in Luxus-Hotels, Schlösser und Güter in Frankreich, England und den USA, 30 bis 40 Angestellte (Lehrer und Gouvernanten für ihre Kinder, Privatdetektive, Masseure und Diätköche), Kleider, die sie nur einmal trug, stets mindestens 15 Pelze (manchmal sogar 35) und eine eigene Filmfirma, die allerdings pleiteging.

Der erste Film, der im Kino „Roxy Theatre" in New York City gezeigt wurde, war „The Love of Sunya" (1927) von Gloria Swanson. Dieser Streifen hatte damals seine Premiere. Beim Abriss dieses Kinos posierte Gloria 1961 zum Abschied in den Ruinen.

Ab 1928 wurde Gloria Swanson zur Vegetarierin. Sie galt als Verfechterin einer gesunden ausgewogenen Ernährung und als eine der ersten Fürsprecherinnen für Naturkostläden in den USA.

Bis etwa 1960 wirkte Gloria Swanson in ungefähr 60 Filmen mit. Dazu gehören neben „Don't Change Your Husband" (1919) unter anderem „The Impossible Mrs. Bellew" (1922), „Bluebeard's Eight Wife" (1923), „Zaza" („Zaza, das Mädel vom Varieté", 1923), „Sadie Thompson" („... aber das Fleisch ist schwach", 1928), „Tonight or Never" (1931) und „Music in the Air" („Liebesreigen", 1934). Für „Zaza" kassierte sie schon 6.500 US-Dollar pro Woche. Ihre Welt war der Stummfilm gewesen, mit dem Tonfilm verschwand sie langsam von der Kinoleinwand.

1926 gründete Gloria Swanson ihre eigene Produktionsfirma im Rahmen der „United Artists". Dabei wurde sie von dem Bankier Joseph Kennedy (1888–1969) und Vater des späteren US-Präsidenten, John F. Kennedy (1917–1963), finanziell unterstützt. Der verheiratete Bankier war – was sie später in ihren Memoiren verriet – ihr Liebhaber. Die von Gloria als unabhängige Produzentin hergestellten Filme wurden von „United Artists" in den Verleih gebracht.

Zum finanziellen Fiasko gerieten die Dreharbeiten für den auf fünf Stunden Spielzeit angelegten Film „Queen Kelly" („Königin Kelly", 1928) unter der Regie von Erich von Stroheim (1885–1957). Als bereits 800.000 US-Dollar ausgegeben waren und die Produktionszeit um fast ein halbes Jahr überschritten war, stoppte Gloria Swanson die Dreharbeiten. Angeblich erkannte sie auch, dass dieser Streifen in der ursprünglichen Fassung nicht die Zensur passieren würde. Denn darin kamen Prostituierte, Bordelle, Nacktszenen und Alkoholexzesse vor. Die Entlassung von Stroheim und ein eilig von Swanson produziertes Ende konnten den Film aber nicht mehr retten. Der entstandene Verlust konnte selbst durch den ersten Tonfilm „The Trepasser" (1929), für den Gloria Swanson eine Gage von 100.000 US-Dollar kassierte, nicht mehr wettgemacht werden. Dafür wurde sie für den „Oscar" nominiert. Für „Indiscreet" (1931) betrug ihre Gage 250.000 US-Dollar. 1932 erfolgte der Bankrott von „Gloria Swanson Production".

In ihrer Blütezeit während der goldenen 1920-er Jahre erlebte Gloria Swanson einen Starrummel ohnegleichen. Ihretwegen musste in New York City der Times Square gesperrt werden. Wegen ihr erhielten Schulkinder frei, um sie kurz persönlich in Seitenansicht bewundern zu können. Auch in Paris kam es zu einem Massenauflauf, als sie erschien. Deswegen flüchtete sie kurzerzhand in den vornehmen Juwelierladen „Cartiers" und verließ diesen wieder mit einem Diamantenarmband für 20.000 US-Dollar.

Ab Beginn der 1930-er Jahre war Gloria Swanson beim Publikum als „Femme fatale" immer weniger gefragt. Nach dem von „Metro-Goldwyn-Mayer" produzierten Musical „Music in the Air" („Liebesreigen", 1934) kehrte sie der Kinoleinwand den Rücken. Weil sie glücklicherweise die Gagen etlicher Filme gewinnbringend angelegt hatte, konnte sie sich weiterhin einen aufwändigen Lebensstil leisten. Fortan widmete sie sich ihren zahlreichen Unternehmungen, zu denen im Laufe der Zeit ein Modehaus in Rom, Fabriken und eine Reiseagentur gehörten.

Als es still um sie geworden war, lebte Gloria Swanson in ihrer Wohnung in New York City, die mit Hunderten von Erinnerungsfotos aus besseren Zeiten bestückt war. Nun konnte sie sich in aller Ruhe um ihre zwei leiblichen Kinder und um ihren Adoptivsohn kümmern, die in ihrer Glanzzeit nicht fotografiert werden durften, um ihrem Glamour nicht zu trüben.

Ihre nachlassende Popularität erschien ihr wie eine Entziehungskur.

Während der 1940-er Jahre stand Gloria Swanson häufig auf der Theaterbühne. Man sah sie in den Stücken „Reflected Glory", „Let Us Be Gay" und „A Goose for an Gander". In dem Film „Father Takes a Wife" („Vater nimmt sich eine Frau", 1941) gab es ein Wiedersehen mit ihr im Kino an der Seite des amerikanischen Schauspielers Adolphe Menjou (1890–1963). Doch diesem Streifen war kein großer Erfolg beschieden.

1948 wählte das US-Magzin „LIFE" Gloria Swanson zur „schönsten Großmutter Amerikas". Damals war sie 49 Jahre alt. Zur Großmutter war sie durch ihre ältere Tochter Gloria geworden.

Ein glänzendes Comeback feierte Gloria Swanson mit 51 in dem Film „Sunset Boulevard" („Boulevard der Dämmerung", 1950) unter der Regie von Billy Wilder (1906–2002). In diesem Welterfolg mimte sie den Stummfilmstar Norma Desmond, der seelisch nicht damit fertig wird, in Vergessenheit geraten zu sein. Jene Norma Desmond erinnerte in mancher Hinsicht an das Schicksal von Gloria Swanson. Wilder meinte: „Hätte ich mir für die Rolle eine andere ausgesucht, so hätte doch jeder gesagt: das ist ja die Story der Swanson. Da holte ich sie mir gleich selbst für die Hauptrolle". In Wirklichkeit hatten vorher etliche Stummfilm-Stars wie Mae West (1892–1980), Mary Pickford (1893–1979) und Pola Negri (1894–1987) die angebotene Rolle abgelehnt

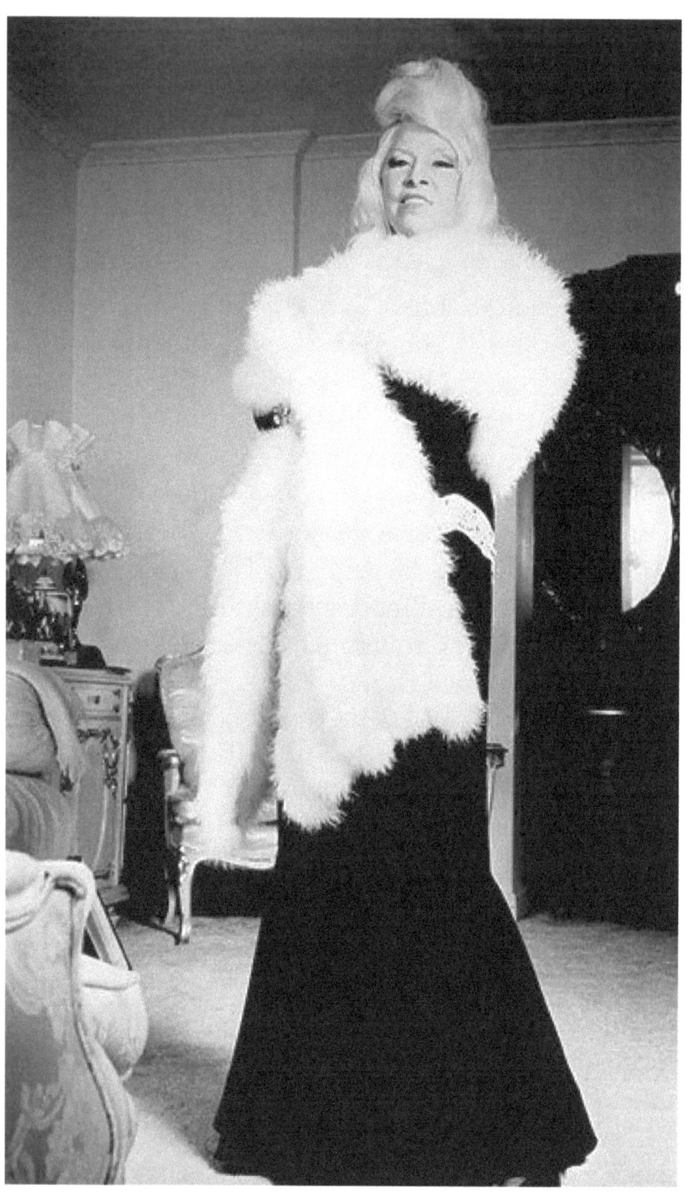

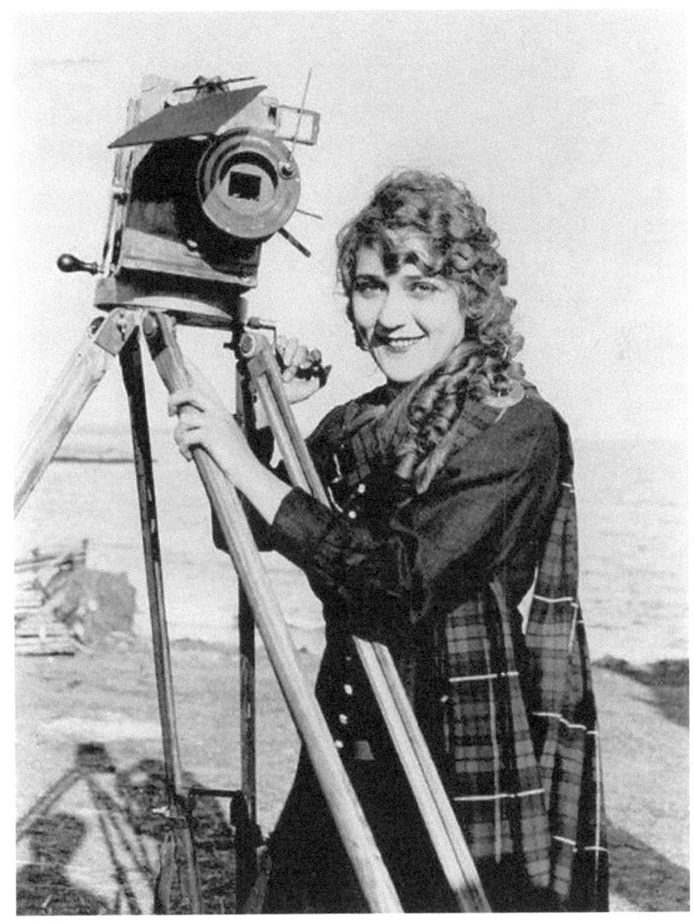

*Mae West (Seite 18) und Mary Pickford (Seite 19)
lehnten die angebotene Hauptrolle in „Sunset Boulevard" ab.*

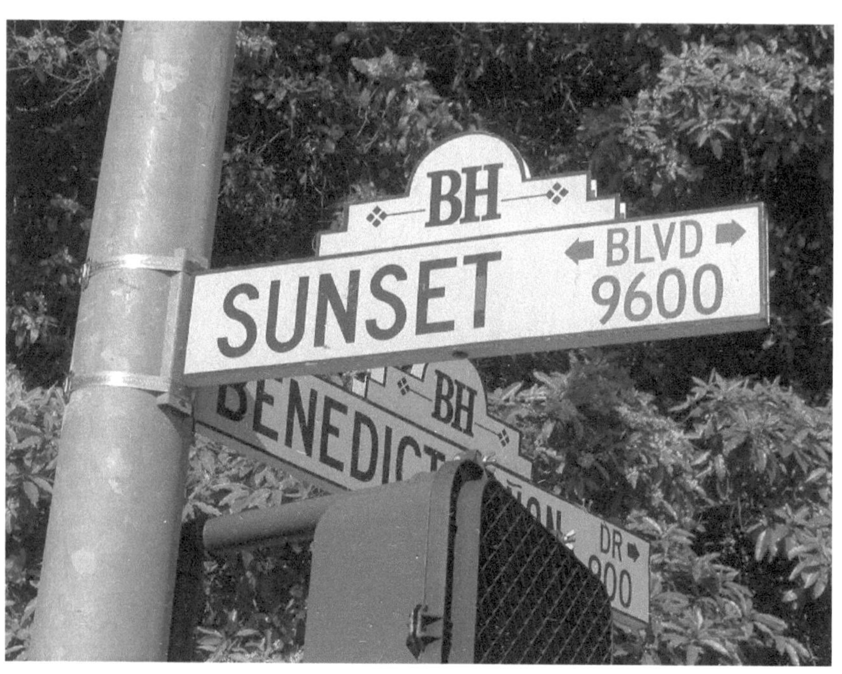

*Die Straße „Sunset Boulevard" führt von
Downtown Los Angeles durch Hollywood, West Hollywood
und Beverly Hills bis nach Santa Monica
und ist insgesamt etwa 35 Kilometer lang.*

und Gloria Swanson war nur eine Ersatzlösung gewesen.

Die Handlung von „Sunset Boulevard": Der vergessene weibliche Stummfilmstar Norma Desmond aus den goldenen 1920-er Jahren lebt in einem Palais am Sunset Boulevard in Hollywood. Dort hält der Hausmeister Max von Mayerling (Erich von Stroheim), der erste ihrer drei Männer sowie ihr Entdecker und Regisseur, die Illusion wach, Norma sei noch immer ein Superstar. Eines Tages flüchtet der junge Filmautor Joe Gillis (William Holden) vor Gläubigern, die ihn und sein Auto bedrängen, in das Palais und bleibt dort aus Mitleid und Not. Zunächst beteiligt er sich an den Täuschungsmanövern, bis er es nicht mehr aushält und der alternden Diva die Wahrheit über sie entgegenschleudert. Norma schießt ihn nieder und Joe liegt tot im Swimming Pool, worauf Polizisten und Reporter am Tatort erscheinen. Nun hat Norma einen letzten großen Auftritt. Ihr Ex-Mann Max führt noch einmal Regie, als Kameras und Scheinwerfer der Wochenschau sich auf Norma richten. Norma wähnt sich wieder im Filmatelier und schreitet die Treppe herunter, doch draußen wartet schon der Wagen der Irrenanstalt, um sie abzuholen.

Als Gage für ihre Mitwirkung in „Sunset Boulevard" erhielt Gloria Swanson 53.222 US-Dollar. Das war nach Ansicht der Anwälte des Filmstudios „Paramount" gut angelegtes Geld. Denn sie hatten beim Lesen des

Filmscripts befürchtet, Swanson könne einen Schaden-
ersatz-Prozess anstrengen.
Die Handlung in „Sunset Boulevard" kam der grau-
samen Wirklichkeit so nahe, dass man in Hollywood
schockiert war. Charlie Chaplin beurteilte diesen Film
nach einer Vorschau als geschmacklos. Ihn hatte Gloria
Swanson in jenem Streifen einmal kopiert. Darauf rea-
gierte er mit einer Imitation der Swanson, wie sie ihn
imitiert. „Sunset Boulevard" wurde von Filmkritikern
als „Demaskierung Hollywoods" empfunden. Es hieß,
Hollywood sehe sich im Spiegel ohne Schminke, als
Bezirk, wo die Menschen sich pseudokultureller Phrasen
bedienten, um ungestraft in Dollar denken zu können.
Von 1934 bis 1950, als der Film „Sunset Boulevard" in
die Kinos kam, war Gloria Swanson schon so gut wie
vergessen gewesen. Vorbei waren die Zeiten, in denen
ihr Produzenten pro Film fürstliche Gagen anboten.
Hierzu meinte Gloria später einmal, sei sei ein Wert-
gegenstand gewesen, der dreimal soviel einbrachte, wie
er kostete.
Während der Zeit ihrer Filmpause, die nur 1941 durch
„Father Takes a Wife" einmal unterbrochen wurde,
musste Gloria Swanson aber nicht darben. Sie erhielt
Geld für Auftritte in Sommertheatern, für kleine Rollen
im Rundfunk und als Chef der Firma „Multiprises" für
den Verkauf europäischer Patente in den USA. Auf diese
Weise kam sie auf ein Jahreseinkommen von schätzungsweise 25.000 US-Dollar.

Nach „Sunset Boulevard" war Gloria Swanson im wieder hervorgeholten Bühnenschlager „Twentieth Century" am Broadway in New York City erfolgreich. In einer eigenen Fernsehshow brachte sie amerikanischen Frauen Chic und Eleganz bei. Ihr Bild zierte für 25.000 US-Dollar jährlich ganzseitige Anzeigen von Kosmetikfirmen, auf denen zu lesen war: „She's at the top" („Sie ist an der Spitze").

Auf den Kassenschlager „Sunset Boulevard" folgten weitere Filme – wie „Three for Bedroom C" (1952), „Mio figlio Nerone" („Neros tolle Nächte", 1956) und „Airport, 75" („Giganten am Himmel", 1975) –, in denen Gloria Swanson mitspielte. Diese Streifen hatten aber weniger Erfolg.

Im Mai 1954 berichtete die Presse kurz, die damals 55 Jahre alte Gloria Swanson habe eine Vortragsreise durch die USA angetreten. Dabei behandle sie das Thema „gesunde Ernährung". Als Menü schlage sie vor: kein Fleisch, ohne Kunstdünger gewachsenes Gemüse, vitaminarme Südfrüchte, ohne Seetang.

1959/1960 ging Glora Swanson mit dem Stück „Red Letter Day", 1961/1962 mit „Between Seasons" und 1962/1963 mit „The Inkwell" auf Gastspielreisen. Letztere Tournee wurde 1967 wiederholt. 1971 glänzte sie in „Butterflies Are Free" am Broadway in New York City. Zudem sah man sie auf dem Fernsehbildschirm und bei Talkshows. Außerdem gründete sie das Unternehmen „Essence of Nature Cos-

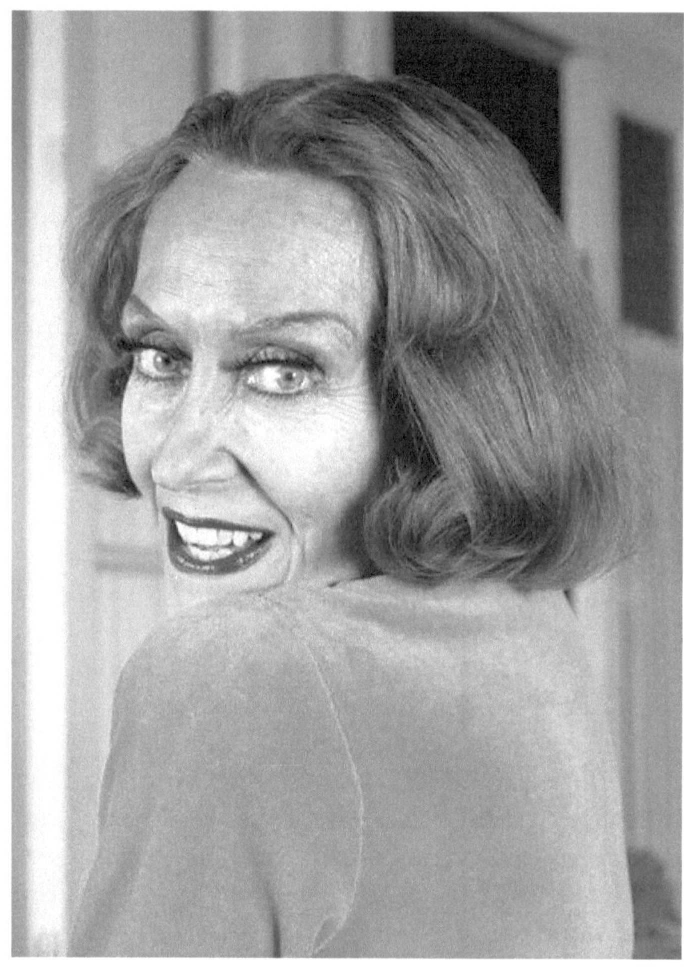

Gloria Swanson, Porträt von Allan Warren 1972

metics" und betätigte sich als Malerin und Kostüm-
designerin.

Gloria Swanson heiratete insgesamt sechsmal, wurde
fünfmal geschieden, hatte zahlreiche Affären, brachte
zwei Töchter zur Welt und adoptierte einen Jungen.
Ihr Lebensmotto lautete: „Die beste Art, glücklich
verheiratet zu sein, ist, so zu tun, als sei man nicht
verheiratet".

Erster Ehemann von Gloria Swanson war ab 1916 –
wie erwähnt – der Schauspieler Wallace Beery (1885–
1949). Von ihm wurde sie nicht zuletzt wegen seines
starken Alkoholkonsums 1919 offiziell geschieden.

Als zweiter Ehemann folgte Herbert K. Somborn
(1881–1934), der damals Präsident der „Equity Pictures
Corporation" und von 1928 bis zu seinem Tod 1934
Besitzer des Restaurants „Brown Derby" war. Aus dieser
Verbindung ging am 7. Oktober 1920 die Tochter Gloria
Swanson Somborn (1920–2000) hervor. Die zweite Ehe
währte bis 1922, dann kam es zur Scheidung. Somborn
beschuldigte seine Gattin des Ehebruchs mit sage und
schreibe 13 Männern, darunter Cecil B. DeMille,
Rudolph Valentino und Marshall Neilan. Zu jener Zeit
adoptierte Gloria einen Jungen namens Sonny Smith,
dem sie später die Vornamen ihres damaligen Lieb-
habers Joseph Patrick Kennedy gab und ihn Joseph
Patrick Swanson (1922–1975) nannte. Der Adoptivsohn
betätigte sich später als Mathematiker und Spezialist
für „mechanische Gehirne".

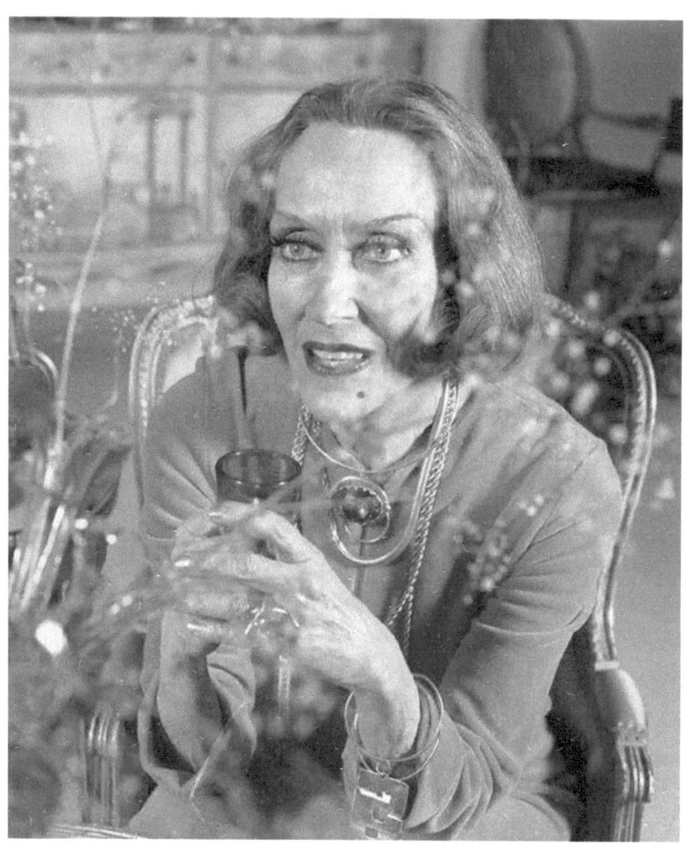

Gloria Swanson, Porträt von Allan Warren 1972

Ehemann Nummer drei wurde am 28. Januar 1925 der attraktive französische Marquis Henry Le Bailly de la Falaise de la Coudraye (1898–1972). Von ihm bekam sie ebenfalls ein Kind, trieb es aber ab, was sie später bereute. Die dritte Ehe endete Anfang November 1931 offiziell mit der Scheidung.

Bereits im August 1931 wagte Gloria Swanson ihre vierte Ehe mit dem Schauspieler Michael Farmer (1902–1975). Weil ihre Scheidung mit dem Marquise la Falaise damals noch nicht abgeschlossen war, galt sie als Bigamistin. Deswegen heiratete sie im November 1931 Farmer noch einmal. Zu jener Zeit war sie im vierten Monat von Farmer schwanger. Am 5. April 1932 schenkte sie ihrer Tochter Michelle Bridget Farmer das Leben. Diese ging später wie ihre Mutter zum Film. Anfang November 1934 wurden Swanson und Farmer geschieden.

Ende Januar 1945 heiratete Gloria Swanson ihren fünften Ehemann George William Davey. Eines Tages sah Gloria ihren Gatten völlig betrunken. Um ihm zu helfen, legten sie und ihre Tochter Gloria rund um ihre Wohnung Literatur der „Anonymen Alkoholiker" aus. Daraufhin packte Davey seine Sachen und verschwand. 1948 war die fünfte Ehe offiziell beendet.

Ehemann Nummer sechs wurde 1974 der verwitwete Autor William Dufty (1916–2002), den Gloria bereits 1968 kennengelernt hatte. Dufty hatte einen guten Ruf als Ghostwriter für Autobiografien von Prominenten

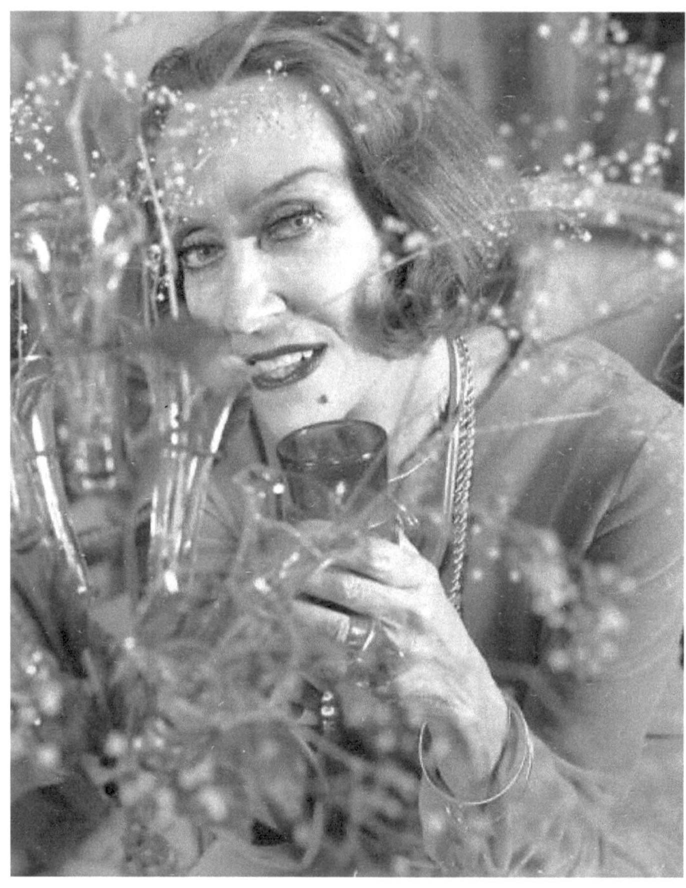

Gloria Swanson, Porträt von Allan Warren 1972

wie „The Billie Holiday Story", als Drehbuchautor (beispielsweise „Lady Sings the Blues", 1972) und als Zeitungsjournalist. Er arbeitete seit Jahren für die „New York Post". Dufty und Swanson waren sehr von makrobiotischer Ernährung begeistert und reisten viel, um über Zucker und andere Lebensmittel zu sprechen. Der sechste Gatte blieb bei Gloria bis zu ihrem Tod.

Als Gloria Swanson mit 75 in einem Fernsehfilm eine 80-jährige Frau spielte, musste sie erst künstlich „gealtert" werden, damit man ihr die Rolle glaubte. Kurz vor ihrem 80. Geburtstag sagte sie einem Journalisten, man sehe jünger aus, wenn das tue, was man gern tue. Sie verriet damals auch, sie mache keine Gymnastik, habe beim Schwimmen Angst, tanze, schieße, fotografiere und lese gern, schlafe nie nackt und halte Kartenspielen für Zeitvergeudung. 1980 erschienen Gloria Swansons Memoiren „Swanson on Swanson", die ihr Gatte als Ghostwriter verfasst hatte und für die sie von einem New Yorker Verlag einen Vorschuss von einer halben Million US-Dollar erhielt. Im Alter zweifelte sie an Ruhm, Karriere und Starmythos und klagte, Schauspielerinnen seien eigentlich nur Sardinen, die in Büchsen rund um die Welt verschifft würden.

Am 4. April 1983 erlag Gloria Swanson im Alter von 86 Jahren in einem New Yorker Krankenhaus „friedlich im Schlaf" einem Herzversagen. Sie hinterließ ein Vermögen von schätzungsweise 1,4 Millionen US-

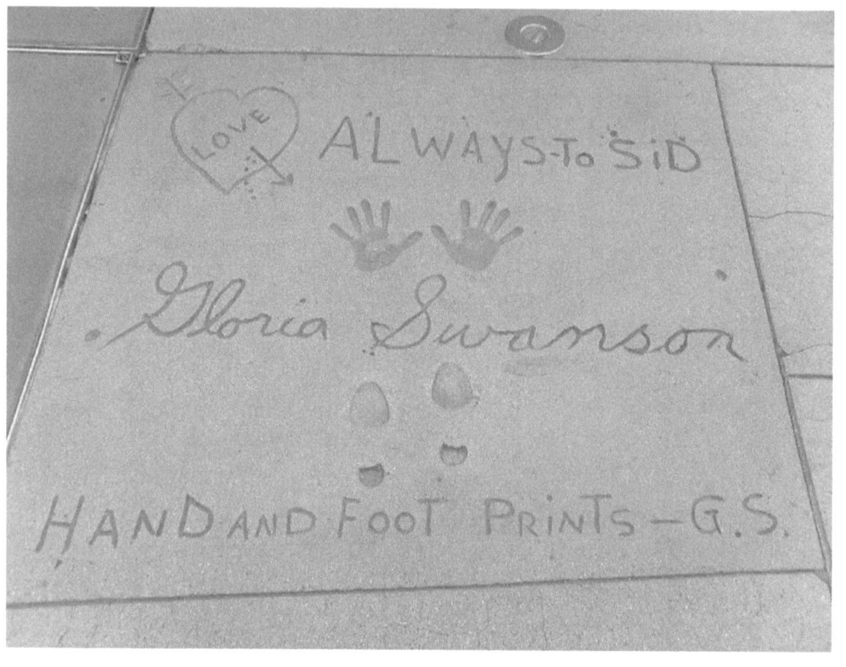

Hand- und Fußabdrücke von Gloria Swanson 1899–1983)
vor dem Kino „Grauman's Chinese Theatre in Hollywood

Dollar. Ihr Witwer William Dufty kehrte zu seinem ehemaligen Wohnhaus in Birmingham (Michigan) zurück und starb 2002 an Krebs. Von August bis September 1983 wurden in der „William Dolye Gallery" in New York City zahlreiche Möbel, Dekorations-, Schmuck- und Kleidungsstücke sowie andere berufliche oder persönliche Erinnerungsstücke aus dem Besitz von Gloria Swanson versteigert. Vor ihrem Tod hatte sie bereits ihr Archiv mit Fotos, Kopien von Filmen und privaten Papieren verkauft.
Im Sommer 1998 zierte Gloria Swanson in den USA eine 32-Cent-Briefmarke der Serie „Legends of American Music". An sie erinnern zwei Sterne auf dem „Hollywood Walk of Fame", einer für Film und einer für Fernsehen.

Filme von Gloria Swanson

(Auswahl)

1914. The song of Soul
1915: The Misjudged Mr. Hartley
1915: The Ambition of the Baron
1915: The Fable of Elvira and Farina and the Meal Ticket
1915: Sweedie Goes to College
1915: The Broken Pledge
1916: Shunshine
1916: A Dash of Courage
1916: Hearts and Sparks
1916: A Social Cub
1916: The Danger Girl
1916: Haystacks and Steeples
1916: The Nick of Time Baby
1917: Teddy at the Throttle
1917: Baseball Madness
1917: Dangers of a Bride
1917: Whose Baby?
1917: The Sultan's Wife
1917: The Pullman Bride
1918: Society for Sale

1918: Her Decision
1918: Station Content
1918: You Can't Believe Everything
1918: Everywoman's Husband
1918: Shifting Sands
1918: The Secret Code
1918: Wife or Country
1919: Männlich und Weiblich (Male and Female)
1919: Don't Change Your Husband
1919: For Better, for Worse
1919: Zustände wie im Paradies
1920: Irrwege einer Ehe
1920: Something to Think About
1921: The Great Moment
1921: The Affairs of Anatol
1921: Under the Lash
1921: Don't Tell Everything
1922: Her Husband's Trademark
1922: Her Gilded Cage
1922: Beyond the Rocks
1922: The Impossible Mrs. Bellow
1922: My American Wife
1923: Prodigal Daughters
1923: Bluebeard's Eighth Wife
1923: Zaza
1924: The Humming Bird
1924. A Society Scandal

1924: Manhandled
1924: Her Love Story
1924: Wages of Virtue
1925: Madame Sans-Gêne
1925: The Coast of Folly
1925: Stage Struck
1926: The Untamed Lady
1926: Fine Manners
1927: The Love of Sunya
1928: … aber das Fleisch ist schwach (Sadie Thompson)
1929: The Trespasser
1929: Queen Kelly
1930: What a Widow
1931: Indiscreet
1931: Tonight or Never
1933: Perfect Understanding
1934: Liebesreigen (Music in the Air)
1941: Father Takes a Wife
1950: Boulevard der Dämmerung (Sunset Boulevard)
1952: Three for Bedroom C
1956: Neros tolle Nächte (Mio figlio Nerone)
1974: Killer Bees (Fernsehfilm)
1974: Airport '75 – Giganten am Himmel (Airport 1975)

Quelle: Wikipedia und Internet Movie Database

Fernsehauftritte von Gloria Swanson

1950: The Peter Lind Hayes Show

1952: Four Star Revue (Fernsehserie)

1953: Hollywood Opening Night

1954: Crown Theatre with Gloria Swanson

1957: The Steve Allen Show (Fernsehserie)

1961: Straightaway (Fernsehserie)

1963: Dr. Kildare (Fernsehserie)

1964: Kraft Suspense Theatre (Fernsehserie)

1964: The Alfred Hitchcock Hour (Fernsehserie)

1964/1965: Burke's Law (Fernsehserie)

1965: My Three Sons (Fernsehserie)

1965: Ben Casey (Fernsehserie)

1966: The Beverly Hillbillies (Fernsehserie)

Quelle: Wikipedia

Zitate von Gloria Swanson

Alle kreativen Leute sollten verpflichtet werden,
Kalifornien für drei Monate im Jahr zu verlassen.

Die beste Art, glücklich verheiratet zu sein, ist, so zu
tun, als sei man nicht verheiratet.

Die Hollywood-Pest heißt: Einsamkeit
mit Hunden und geistvollen Flaschen.

Ich denke das ganze Theater über das Alter
ist töricht.

Jeder Sieg ist auch eine Niederlage.

Man sieht jünger aus, wenn das tut,
was man gern tut.

Schauspielerinnen sind eigentlich nur Sardinen,
die in Büchsen rund um die Welt verschifft werden.

Wenn ich sterbe, soll meine Grabinschrift lauten:
Sie bezahlte alle Rechnungen.

Literatur

FEMBIO Frauen-Biographie-Forschung
http://www.fembio.org
HEINZLMEIER, Adolf / SCHULZ, Bernd / WITTE, Karsten: Die Unsterblichen des Kinos, Band 2, Glanz und Mythos der Stars der 40er und 50er Jahre, Frankfurt am Main 1980
INTERNET MOVIE DATABASE
(Film-Datenbank)
http://www.imdb.com
PROBST, Ernst: Superfrauen 7 – Film und Theater, Mainz-Kostheim 2001
PROBST, Ernst: Königinnen des Films, München 2012
PUBLIKUMSLIEBLINGE NICHT NUR VON GESTERN http://www.steffi-line.de
WARKUS, Brigitte: Gloria Swanson. Aus: PUSCH, Luise (Herausgeberin): Berühmte Frauen. Kalender 1998, Frankfurt am Main 1997
WIKIPEDIA (Online-Lexikon)
http://wikipedia.org
WINNERT, Derek (Herausgeber): Gloria Swanson. Aus: Kino. Die große Welt der Filme und Stars, S. 165/ 166, Niedernhausen 1995

Bildquellen

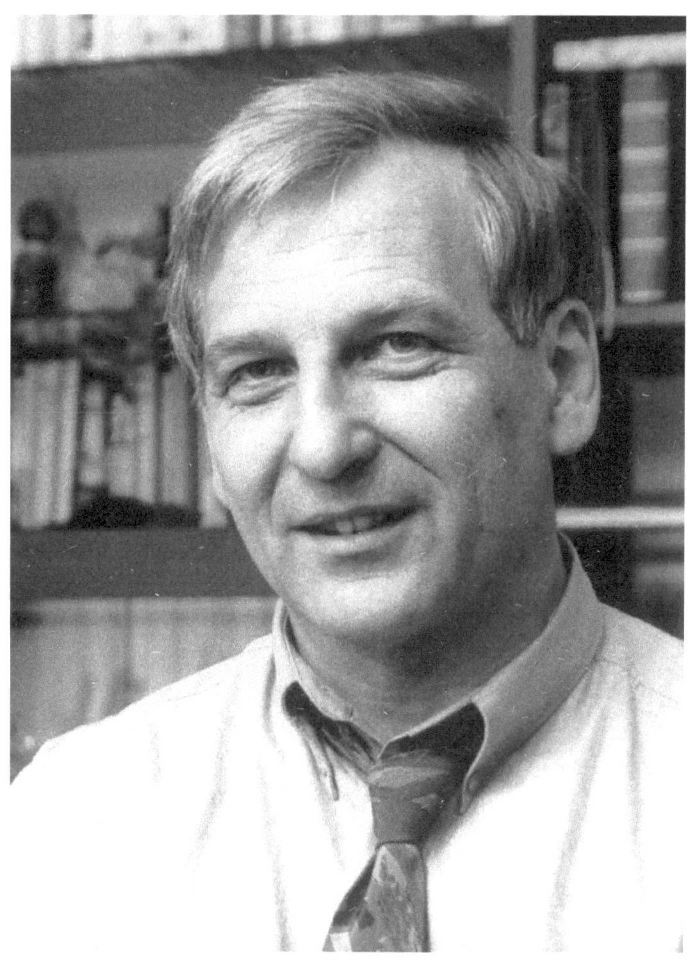

Autor Ernst Probst

Der Autor Ernst Probst

Ernst Probst, geboren am 20. Januar 1946 in Neunburg vorm Wald im bayerischen Regierungsbezirk Oberpfalz, ist Journalist und Wissenschaftsautor. Er arbeitete von 1968 bis 1971 als Redakteur bei den „Nürnberger Nachrichten", von 1971 bis 1973 in der Zentralredaktion des „Ring Nordbayerischer Tageszeitungen" in Bayreuth und von 1973 bis 2001 bei der „Allgemeinen Zeitung", Mainz. In seiner Freizeit schrieb er Artikel für die „Frankfurter Allgemeine Zeitung", „Süddeutsche Zeitung", „Die Welt", „Frankfurter Rundschau", „Neue Zürcher Zeitung", „Tages-Anzeiger", Zürich, „Salzburger Nachrichten", „Die Zeit", „Rheinischer Merkur", „Deutsches Allgemeines Sonntagsblatt", „bild der wissenschaft", „kosmos", „Deutsche Presse-Agentur" (dpa), „Associated Press" (AP) und den „Deutschen Forschungsdienst" (df). Aus seiner Feder stammen die Bücher „Deutschland in der Urzeit" (1986), „Deutschland in der Steinzeit" (1991) und „Deutschland in der Bronzezeit" (1996). Von 2001 bis 2006 betätigte sich Ernst Probst als Buchverleger sowie zeitweise als internationaler Fossilienhändler und Antiquitätenhändler. Insgesamt veröffentlichte er rund 200 Bücher, Taschenbücher, Broschüren und E-Books.

Bücher von Ernst Probst

(Auswahl)

Als Mainz noch nicht am Rhein lag

Annie Oakley
Die Meisterschützin des Wilden Westens

Archaeopteryx. Der Urvogel
aus Bayern

Christl-Marie Schultes. Die erste Fliegerin in Bayern
(zusammen mit Theo Lederer)

Cortés und Malinche. Der spanische Eroberer
und seine indianische Geliebte

Der Europäische Jaguar

Der Mosbacher Löwe
Die riesige Raubkatze aus Wiesbaden

Der Rhein-Elefant
Das Schreckenstier von Eppelsheim

Der Sögel-Wohlde-Kreis

Die nordische Bronzezeit in Deutschland

Die Hügelgräber-Kultur in Deutschland

Die ältere Bronzezeit in Nordrhein-Westfalen

Die Bronzezeit in der Lüneburger Heide

Die Stader Gruppe in der Bronzezeit

Die Oldenburg-emsländische Gruppe

Die Urnenfelder-Kultur in Deutschland

Die ältere Niederrheinische Grabhügel-Kultur

Die Unstrut-Gruppe

Die Helmsdorfer Gruppe

Die Saalemündungs-Gruppe

Die Lausitzer Kultur in Deutschland

Die Dolchzahnkatze Megantereon

Die Dolchzahnkatze Smilodon

Die Säbelzahnkatze Homotherium

Die Säbelzahnkatze Machairodus

Die Schweiz in der Frühbronzezeit

Die Rhône-Kultur in der Westschweiz

Die Arbon-Kultur in der Schweiz

Die Schweiz in der Mittelbronzezeit

Die Schweiz in der Spätbronzezeit

Dinosaurier von A bis K. Von Abelisaurus
bis zu Kritosaurus

Dinosaurier von L bis Z. Von Labocania
bis zu Zupaysaurus

Eiszeitliche Geparde in Deutschland

Rund 70 Kurzbiografien berühmter Fliegerinnen,
Ballonfahrerinnen, Luftschifferinnen,
Fallschirmspringerinnen, Astronautinnen und
Kosmonautinnen

Königinnen des Films

Königinnen des Tanzes

Königinnen des Theaters

Malende Superfrauen

Meine Worte sind wie die Sterne

Die Entstehung der Rede des Häuptlings Seattle
(zusammen mit Sonja Probst)

Monstern auf der Spur
Wie die Sagen über Drachen, Riesen
und Einhörner entstanden

Neues vom Ur-Rhein
Interview mit dem Geologen und Paläontologen
Dr. Jens Sommer

Österreich in der Frühbronzezeit

Österreich in der Mittelbronzezeit

Österreich in der Spätbronzezeit

Pompadour und Dubarry. Die Mätressen
von Louis XV.

Raub-Dinosaurier von A bis Z.
Mit Zeichnungen von Dmitry Bogdanav
und Nobu Tamura

Rekorde der Urmenschen
Erfindungen, Kunst und Religion

Rekorde der Urzeit
Landschaften, Pflanzen und Tiere

Säbelzahnkatzen. Von Machairodus
bis zu Smilodon

Säbelzahntiger am Ur-Rhein. Machairodus
und Paramachairodus

Superfrauen aus dem Wilden Westen

Superfrauen 1 – Geschichte

Superfrauen 2 – Religion

Superfrauen 3 – Politik

Superfrauen 4 – Wirtschaft und Verkehr

Superfrauen 5 – Wissenschaft

Superfrauen 6 – Medizin

Superfrauen 7 – Film und Theater

Superfrauen 8 – Literatur

Superfrauen 9 – Malerei und Fotografie

Superfrauen 10 – Musik und Tanz

Superfrauen 11 – Feminismus und Familie

Superfrauen 12 – Sport

Superfrauen 13 – Mode und Kosmetik

Superfrauen 14 – Medien und Astrologie

Tony und Bruno Werntgen. Zwei Leben für die Luftfahrt
(zusammen mit Paul Wirtz)

Was ist ein Menhir?
Interview mit dem Mainzer Archäologen
Dr. Detert Zylmann

Weisheiten der Indianer

Wer ist der kleinste Dinosaurier?
Interviews mit dem Wissenschaftsautor Ernst Probst

Wer war der Stammvater der Insekten?
Interview mit dem Stuttgarter Biologen
und Paläontologen Dr. Günther Bechly

Zenobia von Palmyra.
Eine Frau kämpft gegen die Römer

Bestellungen bei: http://www.grin.com